Gabi Schnee

Schitze-Watz

äh

Witze-Schatz

**Handverlesene Witze, die Du nicht auf
jeder Party hörst...**

es sei denn...

Du gibst sie zum Besten!

Kapitel 1

Oh hallo, schön, dass Ihr auf mich gewartet habt. Einen kleinen Moment dauert es noch, denn ich bekomme Besuch. Diesen langen, lustigen Typen muss ich Euch unbedingt vorstellen. Pst, er kommt.

-Hallo Gabili, was muss man tun, damit eine Blondine strahlende Augen bekommt?-
-Ja, weiß nicht.-
-Man hält ihr eine Taschenlampe ans Ohr.-

Toll, nun krümmt er sich vor Lachen. Aber es kommt noch besser, das muss ich Euch auch noch schnell erzählen. Mein Freund Kalli, so wird er genannt, hebt die Hand und sagt: -Gabili, ich bewege jetzt meinen Daumen und du musst deinen Kopf ebenso bewegen.- Schnell bin ich dabei, da ich ja oft Verspannungen habe, glaubte ich doch tatsächlich, dass er mir helfen will. -Nach vorn, nach hinten, nach rechts und links.-
Er schaut auf seine Hand und fragt mich, was ist das. Aus meiner Sicht sah ich nur

den nach oben gestreckten Daumen und antwortete vorsichtig: -Das weiß ich nicht.- -Na Gabili, das ist die Fernbedienung für deinen Holzkopf.-

Schallendes Gelächter. Mein Blick fiel auf meinen Mann, der, nachdem er meinen Blick bemerkte, krampfhaft versuchte, sein lautes Lachen in ein gequältes Husten umzuwandeln. Na toll, nicht dass ich nur blond bin, ich habe jetzt auch ganz schön was durchzumachen, wie ihr seht.

Plötzlich sagte Kalli: -Ich muss heute noch meinen Onkel im Altersheim besuchen, das hab ich ihm versprochen. Gabili, willst Du mit?- -Oh ja, denn dort hab ich das Gefühl, sehr jung auszusehen.- Wir sind angekommen und schauen uns um. In einer Ecke sitzt ein älteres Pärchen auf dem Sofa. Da sagt der alte Mann liebevoll zu seiner Frau: -Ich möchte noch einmal mit dir so schön lieben wie früher, möchtest du das auch Schatz?-

-Ja, aber bedenke, dass ich es jetzt im Rücken habe.-

-Gut, das du es sagst, sonst hätte ich es da gesucht, wo es früher war!-

Wir hielten den Atem an, mein Blick traf Kalli. Dieser musterte mich gerade mit einem breiten Grinsen, da ich ja auch schon vierfache Oma bin. Ich zischte ihm entgegen: -Ich hab es noch nicht im Rücken, falls du das denkst.-

Wir eilten den Flur entlang und hörten aus einem Zimmer laute Stimmen. Da wagten wir einen Blick hinter die Tür. Wir erfuhren, dass eine 73jährige Frau entbunden hatte. Ich bewundere Frauen für ihren Mut, sich in diesem Alter noch ein Kind anzuschaffen. Da ruft eine Frau: -Nun zeig uns doch endlich dein Kind!- Daraufhin die 73jährige: -Wir müssen warten bis es schreit, denn ich habe vergessen, wo ich es hingelegt hab.-

Es ist wirklich kaum zu glauben!

Nun haben wir Kallis Onkel gefunden. Nach einem kleinen Schwätzchen raffen wir uns zu einem Spaziergang auf. Wir erreichen unseren kleinen Stadtpark. Auf einer Parkbank sitzt eine Frau und ruht sich aus. Da kommt ein Penner vorbei und sagt: -Hallo Schatz, wie wäre es mit einem Spaziergang zu zweit?- Sagt die Frau: -Unerhört, sie Flegel, ich bin doch keine von ihren Bekanntschaften!- Und der Penner: -Was machst du dann auf meinem Bett?-

So ein dummes Gesicht habe ich selten gesehen! So gucke ich nicht mal morgens. Wir suchen das Park-Cafe auf und gönnen uns eine Erfrischung. Am Nebentisch sitzt eine Blondine und fragt ihre Freundin: -Wie geht es dir, wo kommst du gerade her?- Die Freundin: -Ich war beim Schwangerschaftstest.- Blondine: -Und waren die Fragen schwer?-

Plötzlich schallt ein lauter Ruf durch die Luft: -Herr Ober, ich hätte gern einen Ochsenschwanz und drei Eier!- Der Ober entgegnet: -Das hätte ich auch gern.-

Wir staunten über die schlagfertige Reaktion und bezahlten dann.

Langsam bummeln wir noch durch die Straßen. Da kommt im Schritttempo ein Polizeiauto auf uns zu. Wir hören, wie der Polizist zu seinem Kollegen sagt: -Schau mal, da oben auf dem Balkon, wo meine Frau steht, da wohne ich.- Der Andere: -Und wer ist der Mann da neben deiner Frau?- Polizist: -Na ich!-

Wir müssen noch einen kleinen Feldweg entlang wandern, dann haben wir das Altenheim wieder erreicht.
Am Feldrand sitzen zwei Bauern, sagt der Eine: -Da, schau mal, auf deinem Feld treibt es deine Frau mit einem Anderen!- Der Bauer springt wütend auf und schaut durch das Fernglas. Er setzt sich beruhigt

wieder hin und sagt: -Das ist nicht mein Feld!-

Nun sind wir endlich angekommen. Am Heim sitzen zwei ältere Herren auf einer Bank. Da hält ein Mercedes und der Fahrer fragt: -Wie komme ich hier zum Rathaus?- Keine Reaktion. Der Fahrer fragt weiter auf Englisch und Französisch. Keine Reaktion. Da sagt der eine Herr

bewundernd: -Hast du gehört, der Fahrer
beherrschte fließend drei Sprachen.-
Sagt der Andere: -Und, hat es ihm was
genützt?-

Wir verabschieden uns von Kallis Onkel.
Dann fiel mir ein, dass ich ja schnell noch
etwas einkaufen muss, und ich fragte
meinen Freund, ob er mit will. Sogleich
sagte Kalli: -Gabili, kennst du den
Unterschied zwischen einem Blumenkohl
und einem Düsenjet?- Da ich es eilig hatte,
antwortete ich knapp: -Nein!-
Kalli: -Dich kann man auch wirklich nicht
einkaufen schicken!-
Nun ist auch mir das Einkaufen vergangen,
denn ich habe vor Schreck vergessen, was
ich eigentlich noch brauche.
Wir fallen uns in die Arme, es hat viel
Spaß gemacht. Doch jetzt werden wir
müde und wollen nur noch entspannen. Bis
Morgen, wir freuen uns auf Euch, bleibt
dran!

Kapitel 2

Der Wecker klingelt, es macht sich das
Gefühl breit, dass er immer zur falschen
Zeit klingelt, denn ich bin doch noch so
müde. Ich beame mich aus dem Bett. Wie
von unsichtbarer Hand gestoßen, stolpere
ich durch den Flur in die Küche auf meine
geliebte Kaffeemaschine zu. Ein
Knopfdruck. Oh, ein tolles Geräusch, da
kann der Wecker wirklich nicht mithalten.
Nach Beendigung meiner Morgentoilette
gönne ich mir eine Tasse Kaffee und
schaue das erste Mal in den Spiegel. Na ja,
wo ich früher nur cremen musste, sind
heute kleine Renovierungs- und
Stuckarbeiten notwendig. Egal, ich muss
los.
Habe heute Termin beim Zahnarzt.

Top, alles gut gelaufen, musste weder vor,
noch nach der Behandlung heulen. Ja, ich
gebe es zu, Gabili ist eine Memme. So,
jetzt ist es raus. Will mich jetzt mit meinem
Freund Kalli treffen. Da kommt er schon.
-Oh, du warst wohl beim Friseur?- Er

bejaht und fragt sich verwundert, wie ich
das immer gleich sehe. -Hab ich nicht
gesehen, wollte nur nett sein.-

Plötzlich berichtet er von einem Fremden
beim Friseur.
Der Friseur schneidet die Haare, schnipp,
schnapp ins rechte Ohr, Blut. Dann
schnipp, schnapp ins linke Ohr, Blut.
Der Fremde weint.
Da beugt sich der Friseur nach vorn und
fragt: -Du hast wohl Heimweh?-

Nein, ist das traurig! Ich versuche, mit
heruntergezogenen Mundwinkeln zu
lachen. Gar nicht so einfach. Ihr müsst das
auch mal versuchen. Ich überlege einen
Moment, denn ich will ihn mit meinem
Witz toppen. Mir fällt auch sofort einer ein.
Such nur für eine bestimmte Sache ein
Wort, das nicht so hart oder ordinär klingt.
Ich frage Kalli: -Weißt du was Poppen ist?-
Da schlägt mir ein breites Grinsen
entgegen. Ist ja gut, er weiß es.

Sitzt ein Jäger auf seinem Hochsitz.
Kommt ein Pärchen und legt unten auf die
Wiese eine Decke und stellt einen Korb
daneben.
Nach 10 Minuten ruft der Jäger runter:
-Poppen, poppen!-
Der junge Mann schaut hoch und ruft:
-Nein, Picknick!-
Wieder 10 Minuten, der Jäger ruft wieder:
-Poppen, poppen!-
-Nein-, ruft der junge Mann, -Wir machen
Picknick!-
Der Jäger ruft: -Komm mal hoch hier, wir
tauschen mal!-
Der junge Mann klettert auf den Hochsitz.
Der Jäger klettert runter, schwingt sich auf
die Frau und poppt sie.
Als er fertig ist, steigt er zurück auf seinen
Hochsitz.
Da sagt der junge Mann: -Komisch, von
hier oben sieht das wirklich aus wie
poppen.-

Wir kringeln uns mal wieder vor Lachen.
Oh Gott, denke ich, du bekommst wieder
viele Falten vom Lachen. Na ja, lieber

Falten vom Lachen als Tränensäcke vom Heulen.

Wir bummeln noch etwas durch die Stadt.

An der Apotheke bleiben wir stehen und Kalli sagt:

-Letztens kommt einer in die Apotheke und sagt zum Apotheker: -Ich brauch 50 Gramm Zyankali.- Apotheker: -Kann ich ihnen nicht geben, tut mir leid. - Er geht raus, kommt wieder rein. -Bitte 10 Gramm Zyankali. Bitte, bitte!- Apotheker: -Verdammt noch mal, haben wir nicht!-

Da holt der Mann ein Bild von seiner Schwiegermutter aus der Tasche und legt es auf den Tresen.

Apotheker: -Sagen sie doch gleich, dass sie ein Rezept haben!-

Nein, der Lange ist unmöglich, aber genial, oder?

Da kommt mein Mann, ich freu mich. Er fragt mich, wie es beim Arzt war und ob ich alles gut überstanden habe. Komme natürlich nicht dazu, eine Antwort zu geben, denn unser Kalli fällt mir mal wieder ins Wort.

Mit verzerrtem Gesicht sagt er: -Stellt euch mal vor, mein Kumpel ist krank und war in der Notaufnahme.- Mir tat das sofort leid und ich fragte besorgt: -Was hat er denn?- -Ja, er war in der Notaufnahme und die erste Frage war: Haben sie ihre Versicherungskarte mit?-
Dann sagte er zur Ärztin: -Frau Doktor, meine Vorhaut quietscht.-
-Bitte? Das geht doch nicht, zeigen sie mal!- Er packt den Lümmel aus und legt ihn in ihre Hand. Sie schiebt ihn hin und her und sagt: -Quietscht doch gar nicht.- Er: -Doch, machen sie mal schneller!- Sie macht schneller und da, da ist es passiert. Ärztin: -Sie altes Ferkel, warum gehen sie denn nicht in den Puff?- Er: -Da war ich ja, die wollten aber meine Versicherungskarte nicht.-

Wir können uns kaum gerade halten vor Lachen. Die Passanten müssen uns für Schatzsucher halten, da wir mit der Nase fast die Erde berühren. Gut, ich gebe es zu, habe ein wenig übertrieben. Unser Bummel führt uns an einem Fleischerladen vorbei.

Mein Mann geht in den Laden und sagt zum Fleischermeister: -Guten Tag, ich hätte gern etwas von der Groben, Fetten.- Fleischer: -Das tut mir aber leid, die hat heute Berufsschule.-

Wir werden unseren Bummel für heute beenden, denn es ist mal wieder spät geworden und ich bin tatsächlich geneigt, noch heute den Kochlöffel zu schwingen. Wenn sich so ein Gedanke breit macht, muss ich mich beeilen und diesen zu Ende führen. Denn ich weiß, dass er nicht so oft und auch nicht so schnell wieder kommt. Tut mir leid!

Auf dem Weg nach Hause passieren wir eine Wiese. Da kommen zwei Frösche an gehüpft, der Eine ruft laufend: -Ich bin ein Schwan, ich bin ein Schwan!- Der Andere: -Du spinnst ja, du bist ein Frosch!- Da zieht der erste Frosch die Hose runter. Darauf der Andere ganz verzückt: -Du liiiieber Schwan!-

Wie immer hat mein Freund Kalli das letzte Wort für heute und fragt : -Gabili, was sagen Frauen, wenn sie 12 mal hintereinander einen Orgasmus haben?- Ich sehe ihn prüfend an und sage: -Weiß nicht.- Er: -Danke Kalli!-

Das war's ja mal wieder. Angeber!!!

Kapitel 3

Könnt Ihr Euch an meinen Gedanken mit dem „Kochlöffel schwingen" erinnern? Diesen Gedanken teilte ich sofort meinem Mann mit, er nahm ihn auf, fand ihn toll und setzte ihn auch sofort in die Tat um.

Puh, das ging ja noch mal gut!

Übrigens treffen wir uns heute mit Kalli und seiner Freundin im Biergarten, ich freu mich schon drauf. Somit bekomme ich Verstärkung, denn sie ist auch blond. Wir wollen heute Land und Leute beobachten. Das Wetter spielt mit, die Sonne scheint.

Oh, die beiden sind ja schon da und halten Plätze für uns frei.

Wir bestellen uns ein Bier, denn das heißt ja Biergarten und nicht Kaffeehaus. Am Nachbartisch sitzt ein Pärchen so mittleren Alters. Sie recht stramm mit einem gewaltigen Doppelkinn. Einzelne Wortfetzen erreichen uns.
Er flötet ihr ins Ohr: -Du hast eine wunderschöne Haut.- Da sagte mein Mann: -Stimmt, bloß sehr viel davon.-
Prompt sahen alle auf das wackelnde Doppelkinn. Dann hörten wir ihn noch sagen: -Du hast Augen wie ein Reh.- Dazu fiel mir ein: -Ein Reh guckt nicht, ein Reh glotzt.-
Oh, das ist aber böse. Na ja, viel schlimmer wäre es gewesen, wenn man das über mich gesagt hätte, oder?

Auf der Wiese nebenan spielen Kinder Fußball und auch Kalli hat mal wieder eine Geschichte dazu.
-Habe gestern ein Ehepaar gesehen, die haben ebenfalls Fußball gespielt. Plötzlich

18

fliegt der Ball in die Fensterscheibe eines alten Hauses. Es klirrt ganz laut. Die beiden sehen in das Fenster, da liegt eine kaputte Flasche auf dem Boden und ein älterer Herr steht dahinter und sagt: -Ich habe tausend
Jahre in dieser Flasche verbracht, jetzt bin ich frei.- Er schaut den Ehemann an und sagt: -Du darfst dir etwas wünschen.-
Ehemann: -Ich möchte Millionär sein und jeden Tag Essen haben.-
-Das bekommst du.-, antwortet der Flaschengeist, -Vorher hab ich aber noch eine Bitte. Ich war tausend Jahre eingesperrt und hatte lange keine Frau, gewähre mir einen Akt mit deiner Frau.-
Das Ehepaar zieht sich zur Beratung zurück. Sie kommen wieder und der Ehemann gibt ihm seine Frau. Als der Akt vollzogen ist, fragt der Geist: -Wie alt ist eigentlich dein Mann?- Sie: -31.- Er: -Dann glaubt er noch an Flaschengeister?-

Es fängt an zu regnen, na toll, ich wünsche mir einen Flaschengeist. Natürlich nur, um anderes Wetter herbei zu zaubern, nicht was Ihr denkt.

Wir nehmen unsere Schirme und bummeln noch etwas durch die laue Regenluft. Unterwegs überlegen wir uns, dass wir unsere Stadt bzw. einzelne Häuser mit einem Witz bestücken. Mal sehen, ob uns das gelingt.

Wieder einmal stehen wir am Fleischerladen und mein Mann wirft als Erster ein: -Ein Fleischermeister liegt mit seiner Freundin im Bett und macht Sex mit ihr. Als der Akt fast vollzogen ist, sagt er: -Liebling, soll es in die Büchse und der Rest in den Darm?-

Wir gehen an der Apotheke vorbei. Gut, die hatten wir ja schon.
Am Bäcker bleiben wir stehen. Kalli sieht uns zwei Frauen an und spricht: -Was will eine Blondine, wenn sie in den Bäckerladen kommt und mit dem Kopf zweimal auf den Tisch haut?- Wie aus einem Mund sagen wir: -Ich weiß nicht.-
Er: -Natürlich zwei Hörnchen.-

Ist doch komisch, dass sich dieser Unsinn aus seinem Mund sogar logisch anhört.
Wie er das nur macht?

Nach etwa fünf Minuten stehen wir am Gymnasium.
Dort hat man eine Leiche gefunden. Die Polizei muss jetzt Bericht erstatten und eine Mitteilung vom Tatort machen. Gymnasium, hört sich schwer an und ist noch schwerer zu schreiben. Somit ziehen sie die Leiche vor den Bäcker.

Jetzt sind wir am Kindergarten
angekommen und auch hier fällt uns was
ein.

Ein Vater will seinen Sohn abholen.
An der 1. Tür steht „Sehr kluge Kinder", er
klopft und ruft: -Jochen!-
Keine Antwort!

2. Tür „Kluge Kinder", er klopft und ruft:
-Jochen!-
Keine Antwort!
3. Tür „Dumme Kinder", er klopft
vorsichtig und ruft leise: -Jochen!-
Keine Antwort!
4. Tür „Ganz dumme Kinder", ein leises
Klopfen, er flüstert: -Jochen!-
Keine Antwort!
5. und letzte Tür! Dort hängt ein großes
Schild: **„Jochen"**

Wir krümeln uns vor Lachen. Sollte Euch
ein Witz nicht gefallen, dann ignoriert ihn
einfach und lest tapfer weiter.

Ein letztes Gewerk fällt uns noch ins Auge, es ist die Schneiderwerkstatt. Hierzu bringt uns Kalli's Freundin einen Witz mit.

Ein Junge hat Jugendweihe und geht mit seiner Mutter zum Schneider.
Wir hätten gern einen schicken Jugendweiheanzug.
Der Schneider nimmt Maß und legt los.
Nach ein paar Tagen ist die erste Anprobe.
Der Anzug sitzt, doch die Schulter spannt.
Der Schneider gibt den Hinweis, er solle doch die Schulter etwas nach oben ziehen.
Schick, doch der Rücken verzieht sich. Der Schneider sagt, er solle sich etwas nach vorn beugen, dann geht das schon.
Anschließend kneift auch noch das linke Hosenbein. Der Schneider sagt, er solle das Bein etwas hinter sich her ziehen. Gesagt, getan. Jetzt ist das schick! Mutter und Sohn sind auf dem Weg zur Feierstunde. Nach vorn gebeugt, das linke Bein nachziehend und die Schulter etwas angehoben geht er nun los, der Junge. Leute kommen ihm entgegen. Da sagt der Eine: -Das ist ja

traurig, schau dir bloß mal den armen
Jungen an, der kann einem auch wirklich
leidtun.- Der Andere: -Aber eines muss
man ihm lassen, einen guten Schneider hat
er.-

Nun ist auch schon die Stadt zu Ende. Die
Stadt, in der Gabili wohnt, ist nicht ganz so
groß. Mein Freund Kalli kann natürlich
von seiner Stadt als Großstadt reden. Bin
aber trotzdem ganz froh, dass die Stadt
klein ist, da uns im Moment auch nichts
mehr einfällt. Wir verabreden uns für das
nächste Wochenende und freuen uns schon
jetzt darauf. Will nur hoffen, dass Ihr auch
wieder dabei seid. Versprochen?! Wir
nehmen Euch beim Wort!

Kapitel 4

Vorsicht, ich habe einen Virus und weiß
nicht, ob dieser ansteckend ist! Der Virus
zeigt sich in Form eines starken Triebes,
die Fenster putzen zu wollen. Übrigens:
einer meiner sonst fehlenden Triebe. Ich
sehe mir meine sehr großen Fenster an und

klettere in das Küchenfenster. Nun muss ich auf den außen liegenden Fenstersims, um das Oberlicht richtig putzen zu können.

Auf der anderen Straßenseite stehen zwei Männer und diskutieren. Sagt der Eine: -Deine Frau soll ja unheimlich scharf sein.- Der Andere: -Naja, der Eine sagt so, der Andere so.-

Kann meine Haltung nicht mehr wahren und biege mich vor Lachen. Ich nehme doch tatsächlich den ganzen Fensterrahmen ein, unglaublich. Mit einem Sprung bin ich in der Küche und schaue vorsichtig aus meinem Fenster. Mit voller Zufriedenheit stelle ich fest, dass die Umwelt keine Notiz von mir genommen hat.
Jetzt kommt mein Mann und wir trinken gemütlich Kaffee, wieder hat nur einer ganz viel zu erzählen. Wer das bloß ist? Ja, so ist sie nun mal.
Übrigens, ich habe Sehnsucht nach meinen Freunden, muss gleich mal Kalli anrufen. Nachdem er sich gemeldet hat, teile ich ihm mit, dass er heute noch ganz großes

Glück haben wird. Prompt fragt er mich, warum. Na, weil wir dich besuchen wollen und gleich da sind. Es wird still am anderen Ende. Das betrachte ich als JA und lege den Hörer auf. Hätte ich das nicht getan, wären vielleicht noch Widerworte gekommen, wie zum Beispiel: „Hab keine Zeit". Schnell gehe ich zu meinem Mann und teile ihm mit, dass wir sofort kommen sollen. Nun ist auch er eifrig dabei, den Abflug vorzubereiten. Die Tür fällt ins Schloss. Wenn Kalli jetzt anruft, kann er sich gepflegt mit unserem Anrufbeantworter unterhalten.

Wir springen in unser Auto und los. Es ist eine herrliche Tour, die Sonne scheint und die Laune steigt. Am Waldrand erkennen wir einen Fuchs, worauf mein Mann erzählt:

-Mutter Fuchs bringt morgens die Kinder auf eine große Wiese und sagt: „Seid schön artig und wartet hier, ich gehe jagen und bin bald zurück."

Der Fuchs verschwindet. Kommt ein Rammler gehoppelt und ruft: "Kinder, bald poppe ich eure Mutter und mach sie fertig!"

Das erzählen die Kinder abends verängstigt der Mutter. Am kommenden Tag passierte dasselbe wieder. Die Mutter wird wütend und schmiedet einen Plan. Kommenden Morgen bringt Mutter Fuchs die Kinder wieder zur großen Wiese, verabschiedet sich und versteckt sich hinter einem Busch.

Da kommt der Rammler und ruft: „Ich poppe eure Mutter bis sie nicht mehr laufen kann."

Da springt der Fuchs aus seinem Versteck, der Rammler flüchtet, der Fuchs hinterher. Da verschwindet der Rammler in seinem Bau. Mutter Fuchs hinterher und bleibt stecken. Der Rammler verlässt seinen Bau aus dem Hintereingang, er hebt den Fuchsschwanz und sagt:

„Gern mache ich es nicht, aber ich habe es den Kleinen versprochen."

Jetzt werde ich meinen Mann testen und erzähle ihm, dass im Fernsehen der ökologische Vibrator getestet wurde, und frage, ob er weiß, was das ist. Er sieht mich schon ein bisschen verwundert an und ich sage: „Das ist ein Schilfrohr mit einer Hummel drin."

So, in zehn Minuten sind wir da, mal gucken, was der Tag noch bringt, bin neugierig. Ihr auch?
Das Telefon klingelt, ich weiß schon wer dran ist und frage: -Wer stört?-
-Gabili ich bin's, Kalli.-
Ganz unter uns, da wär ich ja nie drauf gekommen.
Kalli sagte mir, dass sie in einem Restaurant sitzen und uns dort erwarten. Jetzt spielt er auch noch Navi und weist uns den Weg. An der nächsten Kreuzung halb links abbiegen, dann stark rechts und sie haben ihr Ziel erreicht. Wir sind angekommen. Ich stolpere wie immer mit voller Wucht in die Eingangstür. Mein Mann schüttelt den Kopf und fragt mich, wie es möglich ist, dass eine Frau so grazil in ein Haus fallen kann. Danke, Schatz! Da sind die beiden, ich freu mich sehr und muss sie erst einmal umärmeln.

Der Kellner geht an den Nachbartisch und bringt eine kalte Vorspeise. Er hält den Daumen in der Speise. Der Gast sagt entsetzt: -Was halten sie denn den Daumen in mein Essen?- Der Kellner: -Den hab ich mir verbrannt und das hilft mir ein wenig.- Der Gast: -Stecken sie sich doch den Daumen in ihren Hintern.- Kellner: -Da hatte ich ihn gerade, hat aber nicht geholfen.-

Nach dieser Geschichte habe ich ganz großzügig auf meine Vorspeise verzichtet und bin ohne Umwege zum Hauptmenü übergegangen. Ich tröste mich mit dem Gedanken, dass ich sowieso auf meine Figur achten muss. Denn leider habe ich die Erfahrung gemacht, dass sich Frauen ab einem bestimmten Alter wieder im Wachstum befinden. Wenn sie auch nicht in die Höhe schießen, so aber in die Breite. Nun überlegen wir uns, was wir noch so veranstalten wollen. Da fällt uns ein, auf der Fahrt haben wir einen großen Zirkus gesehen und es wäre doch schön, mal wieder einen zu besuchen. Weiß schon nicht mehr, wie es im Zirkus ist.

Juchu, alle sind einverstanden, wir ziehen uns an und bummeln los. Es ist doch sehr imposant, so einen Zirkus zu sehen. Wir haben in der 5. Reihe Platz gefunden und können somit alles toll überblicken.

Ein Dompteur betritt die Arena. Beifall. Dann kommt ein Löwe. Wir halten den Atem an. Der Dompteur reißt dem Löwen das Maul auf, zieht seine Hose aus, legt sein Geschlechtsteil in das Maul des Löwen und verschließt das Maul. Er haut dem Löwen dreimal kräftig auf den

Hinterkopf. Dann öffnet er das Maul, holt sein Gemächt heraus und verpackt es wieder.

Die Massen toben.

Er ruft ins Publikum: -Wer traut sich das auch?-

Großes Schweigen.

Da meldet sich eine junge Frau und ruft: -Ja ich, aber nur, wenn sie mir nicht so dolle auf den Kopf hauen.-

Wieder toben die Massen vor Lachen. Die Massen, das sind wir vier.

Nun gehen wir zu unseren Autos, denn die haben wir am Restaurant stehen lassen. So langsam zieht Dunkelheit über das Land. Die Welt sieht jetzt wieder ganz anders aus.

Wir kommen an fünf Wohnwagen vorbei, welche rot beleuchtet sind. Sieht ja sehr schön und einladend aus. Das soll es wohl auch sein, denn es ist ein Bordell.

Kommt ein betrunkener Mann an diesem Bordell an und klopft an die Tür.

Eine Prostituierte öffnet die Tür und fragt:
-Sie wünschen?-
Der Betrunkene lallt: -Ich, ich möchte auch
mal mit dir.-
Prostituierte: -Du betrunkener Sack, geh
doch an den Baum und hol dir einen
runter!-
Broch, die Tür fällt ins Schloss. Der
betrunkene Mann geht an den Baum und
holt sich einen runter. Nach ca. zehn
Minuten klopft es an der Tür und die
Prostituierte öffnet.
-Sie schon wieder!-, schreit sie wütend,
-Was wollen sie denn noch?-
Betrunkener: -Na, ich muss doch noch
bezahlen.-

Wir haben unsere Autos erreicht und fahren noch einen Moment zu Kalli, um den Abend schön ausklingen zu lassen. Für das nächste Treffen schmieden wir einen Plan. Wir wollen mal mit dem Zug fahren. Ist schon Ewigkeiten her, dass ich einen Zug betreten hab. Umso größer ist meine Freude. Seid Ihr auch gespannt?

Kapitel 5

Gerade hat Kalli angerufen und teilte uns mit, dass ein Bekannter uns zu einer Bootstour eingeladen hat. Ich freu mich wie ein kleines Kind. Wie früher zum Wandertag, Brottasche um und los. Es kann alles nicht schnell genug gehen, wir müssen noch auf Kalli und seine Freundin warten. Hoffentlich starten wir bald. Sie sind da, auf geht es, kommt ihr mit?
Auf dem Weg zum Bahnhof sehen wir, wie ein Polizist eine im Auto heran rasende ältere Dame anhält. Er sagt: -Gnädige Frau, sie sind gerade 90…-
Da schreit sie ihn empört an: -Unerhörte Beleidigung, ich bin erst 79!-

Ja, so kann man sich täuschen.

Ein zweites Auto wird angehalten. Der
Polizist zögert nicht lange und reicht dem
jungen Mann sofort einen Strafzettel.
Der junge Mann ganz frech: -Was soll ich
denn damit?-
Der Polizist: -Na sammeln, ab 10 fahren
sie Fahrrad!-

Ist ja richtig was los in unserer kleinen
Stadt. Schade, dass wir den Bahnhof schon
erreicht haben. Vielleicht hätten wir noch
mehr gesehen. Nicht, dass wir
sensationslustig oder gar neugierig sind,
neiiiin, wir müssen nur alles wissen. Ihr
wisst doch, Wissen ist Macht, und nichts
wissen macht auch nichts.
Der Zug kommt, wir steigen ein und
plumps, lassen wir uns auf die Sitzplätze
fallen. Wir tun ganz erschöpft, als hätten
wir einen langen Weg hinter uns, dabei
waren es gerade zehn Minuten. Man soll es
nicht glauben, was man doch so für
mitleidige Blicke bekommt, wenn man so
tut, als wäre man fix und fertig. Na ja, so

werden wir wenigstens einmal am Tag beachtet.

Der Schaffner pfeift, es geht los. Ein schönes Gefühl.

Wir fahren in Richtung Brandenburg, dort in der Nähe ist der Hafen. Im benachbarten Abteil sitzen drei Nonnen. Ein seriös wirkender und gut aussehender Mann betritt das Abteil und fragt: -Darf ich mich zu ihnen setzen?-

Daraufhin die Nonnen: -Ja bitte!-

Der Mann versucht, seinen Koffer auf der Gepäckablage zu verstauen. Plötzlich geht dieser auf und lauter Dildos samt anderem Sexspielzeug fallen herunter.

Der Mann: -Tut mir leid, ich bin Vertreter
und verkaufe diese Sachen. Sie können
sich gern etwas aussuchen und betrachten
das als Entschuldigung.-
Die erste Nonne entgegnet entrüstet:
-Nein!-
Die zweite Nonne ebenfalls entrüstet:
-Nein!-
Die dritte Nonne: -Ja bitte, den silbernen
dort hinten.-
Und der Vertreter: -Ist leider unverkäuflich,
das ist meine Thermoskanne.-

Auch Kalli hat das Spektakel beobachtet,
lehnt sich zu mir vor und flüstert: -Weißt
du Gabili, ich hatte mit meiner Freundin
ganz ausgefallenen Sex!- Mir ist fast
unmerklich die Kinnlade heruntergefallen
und ich höre mich fragen: -Wirklich?-
-Ja, Montag ausgefallen, Dienstag
ausgefallen und Mittwoch ausgefallen.-
Ich lachte laut los. Das ist der absolute
Schenkelklopfer! Jetzt muss ich mir auch
was einfallen lassen. Ich zwinkere meinem
Mann zu und er sagt: -Gleich sind wir da,

dann laden wir euch zu einem Sieben-Gänge-Menü ein.

Vier staunende Augen sehen uns an. Sie haben vermutlich nicht gedacht, dass wir so großzügig sind.

Wir sind da und uns befällt tatsächlich ein leichtes Hungergefühl. Mein Mann öffnet den Rucksack und holt das Sieben-Gänge-Menü heraus.

Ein Sixpack und 'ne Bockwurst.

Unserem Gegenüber entgleiten die Gesichtszüge.

Nun sind wir im Hafen. Dort treffen wir unseren Bekannten und gehen zu seinem Boot. Es ist wunderschön und ich bin total gespannt auf die Fahrt.

Wir legen ab. Der Wind weht uns um die Nase und die Sonne scheint, es ist super toll. Kurz vor einer Schleuse frage ich, ob ich in der Kombüse einen kleinen Snack zubereiten soll. Alle sind einverstanden. Ich würfelte einen Salat zusammen.

Plötzlich rumste es ganz laut. Ich machte einen Köpper. Hätte nicht gedacht, dass man auch im Trockenen einen solchen Köpper hinlegen kann, wollte mir das eigentlich fürs Wasser aufheben. Langsam spule ich mich hoch und steige mit einem leicht grün-grauen Gesicht auf das Deck. Was passiert ist, frage ich. Wir sind leider gegen die Schleusenwand gefahren. Ich sah meinen Freund Kalli an und fragte: -Und was hast du gemacht?-

Kalli: -Ich habe es kommen sehen.-

Das war die Hammerantwort und wurde auch gleich zur Antwort des Jahres gekrönt. Denn wenn man Schlimmes kommen sieht, heißt es ja nicht, dass man reagieren muss.

Wir verlassen die Schleuse und legen in einem wunderschönen kleinen Ort an. Jetzt kann ich meinen kleinen Snack anbieten. Ich lasse erst die anderen kosten, sollten sie das Gesicht verziehen, esse ich lieber nichts, denn das muss ich mir ja nicht auch noch antun.

Anschließend machen wir einen kleinen Spaziergang durch den Ort. Wir beobachten einen älteren Herrn, der im Garten fleißig bastelt und fragen ihn: -Was bauen sie denn da?-

Er sagt: -Einen Stuhl für meine Frau.-

-Oh, wann ist der denn fertig?-
Er: -Es fehlt nur noch die Elektrik.-

Mir entgleiten die Gesichtszüge und ich
hoffe stark, dass mein Mann jetzt nicht
auch noch zu basteln beginnt.
Zurück zum Boot, denn wir müssen
unseren Zug erreichen, dieser fährt in zwei
Stunden Richtung Heimat.
Wir legen ab und ich erzähle meinen
Leuten, was ich gestern im Einkaufsmarkt
am Fleischerstand erlebt habe.
Es kam ein älterer Herr mit seinem Hund
und fragte den Verkäufer: -Haben sie etwas
Gammelfleisch für meinen Hund?-
Verkäufer: -Tut mir leid mein Herr, ist alles
in der Wurst.-

Nun wartete ich auf die Reaktion
meiner Männer. Sie kam, aber anders als
erahnt. Mein Mann sagte: -Auf jedem
Boot, was schwimmt und schwabbelt, gibt
es immer einen, der dumm sabbelt.-
Mein Blick fällt auf Kalli. Habe noch nie
jemanden so breit grinsen sehen. Danke!

Ich nahm mir vor, kein Wort mehr zu
sagen, hielt es auch tatsächlich zwei
Minuten durch.
Wir genießen die Fahrt und legen im Hafen
an.
Es muss jetzt schnell gehen, der Zug fährt
gleich. Das hat ja noch mal gut geklappt.

Wir haben einen guten Fensterplatz
erwischt.
Es geht los. Ein Herr mit einer Flasche
Cola geht den Gang entlang. Er stolpert
und kippt einer Frau die Cola über die
Bluse. Die Frau erregt sich und schreit:
-Ich sehe ja jetzt aus wie ein Schwein!-
Der Mann: -Ja, und gekleckert haben sie

auch noch.-
Dann ging er schnell davon, um sich
weiteren Stress zu ersparen.

Plötzlich hält der Zug.

Auf der anderen Seite sitzt ein Mann mit
einem sehr grimmigen Gesicht. Der
Schaffner kommt den Gang entlang, da
fährt der grimmige Herr ihn barsch an:
-Wie lange hält denn der Zug noch?-
Schaffner: -Na ja, bei guter Pflege so ca.
48 Jahre.-

Das Gesicht des Herrn ist plötzlich mutiert
und wir ziehen es vor, das Abteil zu
wechseln.

Wir haben ein ruhiges Abteil erwischt. Uns gegenüber sitzen ein älterer Herr und eine Dame.
Der Herr zieht sich seinen Schuh aus und stöhnt: -Mein Fuß ist eingeschlafen.-
Meint die Dame: -Dem Geruch nach ist er vor einiger Zeit schon gestorben.-

Wir sahen dezent aus dem Fenster und stellten
fest, dass wir schon angekommen sind.
Die Zeit verging doch sehr schnell. Beim Aussteigen aus dem Zug haben wir uns entschieden, noch schnell einen Abschiedsdrink zu nehmen. Wir suchen uns ein kleines, uriges Café und

setzen uns an einen Tisch. Da kam auch schon der Kellner und sagte: -Tut mir leid, dieser Tisch ist leider reserviert.-

Da antwortet mein Freund Kalli: -Dann nehmen sie den Tisch mit und bringen uns einen anderen.-

Wir waren vollkommen begeistert von diesem Spruch, nur der Kellner zog ein Gesicht.

Was hat er bloß?

Nun gut, sollte nicht sein. Wir verabreden uns zu einem gemütlichen Abend im Biergarten.

Es ist Schnitzeltag und wir freuen uns schon sehr darauf.

Kapitel 6

Da sind sie wieder, meine drei Probleme: Was ziehe ich an, liegen meine Haare, was nehme ich für eine Handtasche. Ach, die Schuhe habe ich noch vergessen. Bin stolz auf mich, habe es in einer relativ kurzen Zeit geschafft, mich salonfähig zu machen. Ich nehme meine riesengroße Handtasche und wir wollen starten.

Dann die Frage meines Mannes: -Was hast du eigentlich alles in deiner Handtasche?- Blöde Frage, natürlich nur das Wichtigste. Ich glaube, meine Laune ging just in diesem Moment in die Kategorie „mäßig" über.

Doch dann klarte meine Laune auf, denn da waren auch schon Kalli und seine Freundin. Wir suchten uns gemeinsam ein gemütliches Plätzchen.

Wir bestellen uns Schnitzel XXL. Da erzählt uns Kalli: -Stellt euch mal vor, von meinem Kollegen, Herrn Huber, ist die Frau beim Tauchen vor Ibiza ertrunken.- Mir stockte glatt der Atem. Da sagte er: -Zwei Jahre später findet die Küstenwache die Leiche und schickt meinem Kollegen ein Telegramm: „Leiche Ihrer Gattin mit Muscheln bedeckt gefunden. Perlen haben Wert von 500.000 Euro."

Mein Kollege hat sofort zurück telegrafiert: „Perlen verkaufen, Geld schicken, Köder wieder auswerfen."

Ich war total geschockt und konzentrierte mich auf die beiden Blondinen nebenan, um mich abzulenken.

Da fragt die eine Blondine die andere:
-Was meinst Du, was ist weiter entfernt, London oder der Mond?-
Sagt die andere: -Haalllooo, siehst du etwa von hier aus London?!-
Das wird ja immer besser. Wir bekommen unser Schnitzel und stopfen es gierig in uns hinein.
Ich lauschte weiterhin den beiden Blondinen. Da sagte die eine: -Ich glaube, mein Mann betrügt mich.-
-Ja, ja, so sind die Kerle! Meinem traue ich auch nicht, wer weiß, ob die Kinder von ihm sind?!-

Ich drehte mich um zu Kalli und dieser erzählte: -Stellt euch mal vor, mein Bekannter war gestern im Kaufhaus für zwei Stunden im Fahrstuhl eingesperrt.-
Ich fragte ihn wieso.
-Na, es war Stromsperre!-

-Wirklich? Da hab ich ja Glück gehabt,
denn ich war auch dort.-
-Ach, sagt Kalli, dann warst du das, die
zwei Stunden auf der Rolltreppe fest
gestanden hat?-

Ich sah ihn ganz verblüfft an und bemerkte,
wie er mir gerade für einen Moment
unsympathisch wurde.
Ätsch, denn auch ich konnte ihm etwas von
diesem Kaufhaus erzählen. Ich belauschte
dort zwei Frauen. Die eine sagte: -Stell dir
mal vor, je älter mein Mann wird, desto
schärfer wird er.-
-Wieso?-, fragte die andere. -Ja, als ich
mich über die Gefriertruhe beugte, riss er
mir den Rock hoch und verging sich an
mir.-
-Na und-, sagte die andere Frau, -das
macht mein Mann auch.-
-Ja, aber doch nicht gleich im Kaufhaus.-

Wenig später sprach ich Kalli auf seine
Urlaubsbilder an. Er erzählte mir, dass er
mit einem Elefanten in den Pool gefallen
ist.

-Ja, das war aufregend!- sagte Kalli.

-Dann fragte ich: - Als ihr aus dem Wasser gekommen seid, hat der Elefant doch sicher auf deinen Penis geguckt und ganz erstaunt gefragt: - Und damit kannst du atmen?-

Juhu, jetzt hab ich es ihm aber gegeben! Muss jetzt vorsichtig sein, sonst bekomme ich meine Frechheiten doppelt zurück. Aber Kalli sah mich an und erzählte mir, dass er im Urlaub auf einen Jungen aufmerksam wurde, der am Beckenrand stand und in das Becken stierte. Da fragte er ihn, was er da eigentlich mache. Der Junge antwortete: -Ich staune, gestern hat meine Schwester erst das Schwimmen gelernt und heute taucht sie schon eine Stunde.-

Also nein, schäm dich Kalli, solche Sachen zu erzählen!

Da es noch nicht allzu spät ist, beschließen wir, jetzt zu zahlen und dem Museum noch einen kleinen Besuch abzustatten. Dort angekommen, stellten wir fest, dass in dem ersten kleinen Raum nur drei Bilder hingen.
Das erste Bild zeigte ein verbranntes Brot, das zweite ein schwangeres Mädchen und das dritte Bild zeigte einen ertrunkenen Mann am Strand. Ist ja merkwürdig, ich verstehe den Sinn des hier verkörperten Themas nicht. Ich befragte den Museumswärter und dieser gab zur

Antwort: -Das Thema für alle drei Bilder lautet „Zu spät rausgezogen".-

Plötzlich stießen zwei aufgeregte Männer aneinander. Da fragte der Eine: -Was ist denn los mit Ihnen?-
-Ja-, sagte der Andere, -ich habe hier meine Frau verloren, ich such sie schon eine ganze Zeit.-
-Geht mir genauso, auch ich suche meine Frau.-
Er fragt höflich: -Wie sieht sie denn aus?-
-Oh-, sagt der andere, -1,80 groß, lange blonde Haare, großer Busen, kurzer Rock und hohe Schuhe.-
-Und wie sieht ihre Frau aus?-
-Ach lass mal gut sein, wir suchen lieber deine.-

Das ist ja ein seltsames Museum. Wir verlassen die Räumlichkeiten. Auf dem Weg nach Hause fragte mich Kalli: -Wie war es denn eigentlich auf deiner Party, du hast ja gar nichts erzählt?-
-Naja, wie soll es denn schon gewesen sein?- antwortete ich.

Da fragte er: -Warst du denn artig?-
Ich: -Na, wenn ich meinem Mann glauben
darf, dann war ich sogar großartig!-

So hat er das natürlich nicht gemeint.
Neben uns hält ein Jeep, ein Jäger steigt
aus und geht in das Haus auf der anderen
Straßenseite. Plötzlich hören wir Geschrei.
Der Mann ruft: -Habe ich dich mit meinem
besten Freund im Bett erwischt, das sollt
ihr mir büßen!-
Dann ein Schuss.
Sie schreit: -Jetzt ist er tot, wenn du so
weiter machst, hast du bald gar keine
Freunde mehr!-
Es tritt bedrückende Stille ein.

Zu später Stunde treffen wir noch den
Tierarzt unseres kleinen Ortes.
Er erzählte uns: -Stellt euch mal vor, ich
rufe Herrn Meier heute an und frage ihn:
-Ihre Frau ist mit ihrer Katze da und bat
mich, sie einzuschläfern. Ist das in
Ordnung?-

Da antwortete Herr Meier: -Klar, und die Katze können sie raus setzen, sie kennt den Heimweg.-

Wir waren, wie man so sagt, von den Socken, das hätten wir dem Meier gar nicht zugetraut.
Tja, so kann man sich irren.
In Gedanken versunken, dachte ich nur an die arme Frau.
Plötzlich hörte ich durch ein weit geöffnetes Fenster eine Frauenstimme sagen: -Schatz, würdest du mit einer anderen schlafen, wenn ich gestorben bin?-
Er: -Liebling dafür musst du nicht extra sterben!-

Schließlich erreichen wir eine Autowerkstatt und diese ist tatsächlich noch offen. Neugierig luken wir durch die Tür. Da machen sich zwei ältere Herren an einem ebenso alten Auto zu schaffen.
Der Eine sagte zu dem Anderen: -Wäre doch klasse, wenn man bei Menschen den Motor wechseln könnte.-

-Ach, weißt du, ich wäre schon mit einer neuen Stoßstange zufrieden.-

Wir wollen unseren Abendbummel beenden und kommen an einem Garten vorbei, in dem eine Frau hin und her läuft. Wir hören den Nachbarn rufen: -Frau Nachbarin, sie müssen mal nackt durch den Garten laufen, dann werden die Tomaten rot!-
Sie: -Das habe ich versucht, jetzt sind die Gurken 40 cm lang.-
Ja, dachte ich, das ist mal eine gute Idee, und krümle mich vor Lachen. Nun ziehen wir es vor, uns zu verabschieden, und taumeln allein nach Haus.

Plumps, landen wir auf der Sitzkuhle und lassen es uns noch einen Moment gut gehen.

Nun können wir schön bubu machen.

Kapitel 7

Ich wache auf und muss mich beeilen. Heute bekommen wir Besuch. Ich springe aus dem Bett, bereite das Frühstück vor und begebe mich ins Bad. Mein Blick trifft den Spiegel und ich musste feststellen, dass es gar nicht so schlimm ist, in den Spiegel zu schauen. Es tat nicht mal weh. Das änderte sich blitzschnell, als sich die Tür öffnete und mein Mann seinen Kopf herein schob und fragte: -Na, bemängelst du dich schon wieder?- Leider habe ich nicht so schnell den Lappen gefunden, welchen ich am liebsten in seinem Gesicht platziert hätte.

So, fertig. Gut gefrühstückt, mache ich mich ans Werk und backe Kuchen. Die Wahl der Backwaren ist eingeschränkt, da ich nicht wirklich toll backen kann. Also gibt es Zuckerkuchen.

Dann noch schnell ein paar Brötchen holen. Unterwegs treffe ich einen alten Bekannten.

Ich sagte: -Grüß dich, was ist passiert, du siehst so schlecht aus?

-Warum denn?- Er: -Ich habe eine Organverschiebung.- Ich schluckte und fragte besorgt:

-Eine Organverschiebung? Warst du denn beim Arzt?-

-Ja-, sagte er, und ich fragte weiter: - Was hat er denn gesagt?-

Er sagte: -Ab heute keinen Alkohol mehr, denn Ihre Leber ist im Arsch!-

Die Diagnose war wohl ein herber Schlag. Ich verabschiedete mich und trabte weiter. Auf der anderen Straßenseite treffen sich scheinbar zwei alte Freunde. Da ruft der Eine ganz erfreut:

-Schön, dass ich dich treffe, da können wir ja mal ein Bier trinken gehen!-

Der Andere: -Tut mir leid, das geht nicht, wir haben einen Todesfall und ich muss zur Beerdigung.-

Da sagt der Freund: -Naja, dann trinkst du eben ein Schwarzbier.-

Wie taktlos, dachte ich!
Nun gehe ich noch schnell in ein
Wirtshaus, um meinen bestellten Tisch
abzusagen.
Der Wirt rief: -Schön, dass ich dich auch
mal wieder sehe.-
Er erzählte mir, dass gestern ein Gast das
Wirtshaus besuchte, welcher alle zehn
Jahre kommt. Vor zwanzig Jahren kam er
ganz stolz mit seiner jungen Frau und
sagte: -Darf ich vorstellen? Das ist meine
Frau.- Vor zehn Jahren kam er wieder mit
ihr und sagte: -Können Sie sich vorstellen,
das ist meine Frau?!-
Gestern kam er auch mit ihr und sagte:
-Können Sie sich mal vor meine Frau
stellen?-
Also wirklich, das fand ich unglaublich!

Jetzt habe ich alles zusammen, leckere
Brötchen mit Leinsamenkörnern und
Aufstrich. Wir haben Glück, es ist schönes
Wetter und wir können im Garten sitzen.
Leider muss ich Euch jetzt verraten, dass
wir heute in einer Abschiedsrunde sitzen.
Mein Freund Kalli und seine Freundin

kommen gleich. Ich freue mich riesig, denn auch mein lieber Freund Veit und seine Frau Hildchen haben zugesagt. Nun lernt Ihr die beiden doch noch kennen.

Die Glocke an der Gartentür schellt. Endlich! Sie kommen alle geballt. Plötzlich flitzt und hüpft etwas lustig an mir vorbei. Natürlich, es ist Tyson, der Mops von Veit und Hildchen.
Wir setzen uns und los geht's. Kalli und Hildchen greifen nach meinem Zuckerkuchen. Mir stockt der Atem, aber keiner verzieht das Gesicht. Puh, scheint ja doch zu schmecken. Wie schon erwähnt, kann ich besser essen als backen. Veit greift sich ein Brötchen mit Leinsamenkörnern und lässt es sich auch genüsslich schmecken. Dann befeuchtet er sich den Zeigefinger und pickt die herunter gefallenen Körner auf. Ordnung muss schließlich sein.
Plötzlich werden seine Augen immer größer, er kam ins Staunen! Dann stellten auch wir fest, dass die restlichen Körner sich in die Luft erhoben und davon flogen.

Alle sahen den plötzlich davon fliegenden
Käfern nach. Schallendes Gelächter und
tröstende Worte kommen aus der Runde.
-Mach Dir keine Sorgen Veit, es handelt
sich um Proteine, du kannst dann besser
gucken und die Haare fangen an zu
sprießen.-
Naja, wer den Schaden hat, braucht für den
Spott nicht zu sorgen.
Der Nachmittag ist fast beendet und wir
verabschieden uns schweren Herzens
voneinander.
Übrigens auch von Euch.

Post Scriptum

Noch ein paar Worte zu unserer
gemütlichen Runde. Kalli und Gabili haben
viele Witze zusammengetragen. In Worte
wurde es dann von Gabili gefasst. Die
fantastischen Zeichnungen: Vielen Dank,
Veit!!!
Ein prüfender, abschließender Blick wurde
von uns Dreien gemeinsam auf unser mit
Liebe zusammengetragenes Büchlein
geworfen.

Wir hoffen, es hat Euch bei/mit uns
gefallen. Die Tapferen haben es bis an´s
Ende geschafft.
Dafür habt Dank!

Bis bald, sagen mein Mann und Gabili.

Blankenburg/Harz 02/2013

Zusammengetragen: Karl-Friedrich Kache

Autor: Gabi Schnee

Zeichnungen: Veit Wittig

Falls ihr die Einfallspinsel weiter begleiten wollt, lest doch auch die folgenden Bücher der Einfallspinsel-Reihe:

Gabi Schnee
„Einfallspinsel auf Achse"
Books on Demand
ISBN: 978-3-7392-4582-9

Gabi Schnee
„Einfallspinsel stehen Kopf"
Books on Demand
ISBN: 978-3-7448-1446-1

Herstellung und Verlag:
BoD - Books on Demand, Norderstedt
ISBN 978-3-7322-3050-1